BEI GRIN MACHT SICH IHR WISSEN BEZAHLT

- Wir veröffentlichen Ihre Hausarbeit, Bachelor- und Masterarbeit

- Ihr eigenes eBook und Buch - weltweit in allen wichtigen Shops

- Verdienen Sie an jedem Verkauf

Jetzt bei www.GRIN.com hochladen und kostenlos publizieren

Bibliografische Information der Deutschen Nationalbibliothek:

Die Deutsche Bibliothek verzeichnet diese Publikation in der Deutschen National-bibliografie; detaillierte bibliografische Daten sind im Internet über http://dnb.d-nb.de/ abrufbar.

Impressum:

Copyright © 2018 GRIN Verlag
Druck und Bindung: Books on Demand GmbH, Norderstedt Germany
ISBN: 9783668863262

Dieses Buch bei GRIN:

https://www.grin.com/document/451367

Lukas Schneider

„We Gon' Be Alright". Eine Untersuchung zur Wechselwirkung zwischen #BlackLivesMatter und dem Hip-Hop

GRIN Verlag

GRIN - Your knowledge has value

Der GRIN Verlag publiziert seit 1998 wissenschaftliche Arbeiten von Studenten, Hochschullehrern und anderen Akademikern als eBook und gedrucktes Buch. Die Verlagswebsite www.grin.com ist die ideale Plattform zur Veröffentlichung von Hausarbeiten, Abschlussarbeiten, wissenschaftlichen Aufsätzen, Dissertationen und Fachbüchern.

Besuchen Sie uns im Internet:

http://www.grin.com/

http://www.facebook.com/grincom

http://www.twitter.com/grin_com

Facharbeit
im Seminarfach Musik/Geschichte

Thema: *„We Gon' Be Alright" - Eine Untersuchung zur Wechselwirkung zwischen #BlackLivesMatter und dem Hip-Hop*

Verfasser: Lukas Schneider

Abgabetermin: 06.09.2018

Inhaltsverzeichnis:

1. Einleitung

Diese Facharbeit befasst sich mit der Wechselwirkung zwischen dem kommerziell gewandelten Hip-Hop und der im Jahre 2013 formierten Protestbewegung gegen Rassismus, Diskriminierung und Polizeigewalt in den USA.

Um diese Wechselwirkung ersichtlich zu machen, wird die Schilderung der Thematiken „Hip-Hop" und „#BlackLivesMatter" erst isoliert geschehen, bevor dann die Beziehung dieser beiden Faktoren erläutert wird.

In Bezug auf die Musikrichtung Hip-Hop wird auf dessen Ursprung, der kommerziell bestimmten Wandlung und Kritik an dieser eingegangen.

Bei der Auseinandersetzung mit der Protestbewegung werden Intention, Verlauf und die Bedeutsamkeit eines neuen Protestwerkzeugs dargestellt. Bei der finalen Herausarbeitung der Wechselwirkung zwischen dem Hip-Hop und #BlackLivesMatter wird anhand einer Analyse eines Werks aus dem Album „To Pimp A Butterfly" des US-Rappers Kendrick Lamar die Auswirkung des Protests auf die Musik illustriert. Hierbei wird auch die Bedeutung dieser Musik für die Protestbewegung und deren Anhänger näher erläutert.

Konkludierend wird dann die Gewichtung der jeweiligen Einwirkungen bewertet und eine Hypothese bezüglich des weiteren Verlaufs von Hip-Hop aufgestellt.

2. Hip-Hop

Das folgende Kapitel befasst sich mit der Definition von Hip-Hop und dessen Entstehung. Darüber hinaus wird der kommerziell geprägte Wandel des Hip-Hop Anfang der 90er Jahre aufgezeigt. Grundlegend soll dieses Kapitel jedoch ein simples Wissensfundament schaffen um spätere Erklärungen bezüglich der Zusammenhänge zwischen der Musik des Hip-Hop und der Protestbewegung #BlackLivesMatter zu verstehen.

2.1 Definition und Kultur

Beim Versuch Hip-Hop zu definieren müsste man sich streng genommen an den amerikanischen Ursprung halten und das Hip-Hop Genre weniger als ausschließliche Musikrichtung sehen, sondern vielmehr als eine Kultur, die sich aus Elementen wie dem Breakdance, B-Boying, Graffiti-Writing und der heute allgemeinbekannten Praktik der Rap-Musik zusammensetzt.[1]

Da diese Definition heute jedoch relativ unbekannt ist und man bei Rap-Musik generell auch direkt mit dem Begriff „Hip-Hop" hantiert, werde ich in Bezug auf die amerikanische Rap-Musik im Verlauf dieser Facharbeit immer über Hip-Hop sprechen.

Betrachtet man den kulturellen Rahmen des Hip-Hop, so wird schnell klar, dass diesem vielen verschieden musikalische Strömungen unterliegen. Die musikalischen Ströme des Hip-Hop reichen von „Battle-Rap" oder Party-hymnen bis zu tiefgründigen Texten über politische oder soziale Thematiken. Da Hip-Hop so heterogen in seinen musikalischen Umsetzungen ist und es historisch gesehen viele Veränderungen innerhalb der Kultur gab und geben wird, ist es schwer einen festen Rahmen zur Eingrenzung von Hip-Hop Musik zu finden.[2]

2.2 Anfänge des Hip-Hop

Anfang der 70er Jahre bildeten die New Yorker Stadtteile Harlem und Bronx die allgemeinen Geburtsstädte des Hip-Hop. Die überwiegend ju-gendliche, schwarze Bevölkerung dieser Stadtteile wollte ihr negatives Stigma ablegen und sich selbst neu erfinden.[3] Hip-Hop war und ist eine sehr einfache Art sich schnell und einfach auszudrücken, da Hip-Hop Musik kaum materielle Voraussetzungen benötigt und die Technik des Sprachge-sangs sich überall trainieren lässt. Besonderes in den Anfängen hatte Hip-Hop darüber hinaus kaum Regeln, so dass jeder Hip-Hop praktizieren und

---

[1] Vgl. Prof. Curdt, Oliver, *Hip-Hop und Rap - die Kunst des Rappens*, Vorlesung an der Hochschule der Medien Stuttgart, o.J., 5.

[2] Vgl. Weber, Thomas, *Grundideen des HipHop: Ursprung und Wandel*, Magisterarbeit, Heinrich-Heine-Universität Düsseldorf, 2012, 34.

[3] Vgl. Owusu-Boateng, Collins, *Musikalische Markenzeichen der HipHop-Musik,* Bachel-orarbeit, Hochschule der Medien Stuttgart, 2009, 3.

ein Teil der Kultur sein konnte ohne sich Gedanken um musikalische Formalitäten zu machen.[4]

Beim Hip-Hop ging es jedoch nicht immer um soziale oder politische Probleme, sondern oft auch um Kriminalität und Drogenkonsum. Besonders in der Bronx drehten sich die Texte der Werke, aufgrund der hohen Arbeitslosigkeitsrate von Jugendlichen und des darauf folgenden Anstiegs des Drogenhandels, oft um diese Themen und sorgten schon zu den Anfängen des Hip-Hop für einen schlechten Ruf der Szene.[5]

So bildete sich schon zum Anfang des Hip-Hop eine Pluralität an musikalischen Strömungen. Vertreter des politischen Hip-Hop dieser Zeit waren z.B. „Public Enemy" oder „The Message", wobei sich auf Seiten des sogenannten „Gangster-Raps" Künstlergruppen wie „N.W.A" oder „WC and the Mad Circle" als bekannte Vertreter gelten, welche über die prekäre Situation der Jugendarbeitslosigkeit und der daraus resultierenden Drogenkriminalität aufklärten.[6]

2.3 Kommerzielle Wandlungen

„I'd like to say to all the industry people out there that control what we call hip hop, I'd like for people to put more of an effort to make hip hop the culture of music that it was, instead of the culture of violence that it is right now."[7]

Hip-Hop fing Anfang der 80er Jahre an kommerziellen Wert zu erlangen und erreichte Ende der 90er fast 10 Prozent aller Musikverkäufe in den USA. Der Höhepunkt des Anteils an verkauften Hip-Hop Produktionen in den vereinigten Staaten war im Jahr 2002 mit fast 14 Prozent.[8]

Dieser kommerziell positive Trend des Hip-Hop trug einen parallel verlaufenden, kulturellen Wechsel der Szene mit sich.

---

[4] Vgl. Prof. Curdt, Oliver, *Hip-Hop und Rap - die Kunst des Rappens*, Vorlesung an der Hochschule der Medien Stuttgart, o.J., 5.

[5] Vgl. Ebd.

[6] Vgl. Rose, Tricia, *The Hip Hop Wars: What We Talk About When We Talk About Hip Hop--and Why It Matters*, o.O, 2008, 3.

[7] Rose, Tricia, *The Hip Hop Wars: What We Talk About When We Talk About Hip Hop--and Why It Matters*, o.O, 2008, 1.

[8] Vgl. Rose, Tricia, *The Hip Hop Wars: What We Talk About When We Talk About Hip Hop--and Why It Matters*, o.O, 2008, 3f.

Die früher dominierenden politischen Texte gerieten in den Hintergrund, bildeten eine Subkultur und machten Platz für eine neue, an Beliebtheit gewinnende Strömung des Hip-Hop. Der schon zu dieser Zeit bekannte Gangsterrap verwandelte sich in eine simple, stereotypisierende und radikale Version seiner Selbst. Diese „hyper-gangsta-ization"[9] beförderte Hip-Hop in den Mainstream, wo die Themen rund um Prostitution, Kriminalität und Drogenhandel nun als Verkaufsschlager galten. Das Leben in der Kriminalität, welches zuvor mehrschichtig und ernst geschildert wurde, wird nun als selbstverständlich und attraktiv illustriert. Hip-Hop entwickelte eine Homophobie, erschuf ein verzerrtes Bild der Realität und wurde trotzdem, oder vielmehr genau deswegen, mit dem Eintritt in den Mainstream und dem kommerziellem Erfolg belohnt.

3. #BlackLivesMatter

Die Protestbewegung fing mit einem Post im Internet an, gewann Aufmerksamkeit und initiierte eine nationale Protestbewegung. Dieses Kapitel dieser Facharbeit erläutert den zeitlichen Verlauf der Bewegung, ihrer Intention und die ausschlaggebende Rolle der sozialen Medien. Hierbei handelt es sich, ähnlich wie beim zweiten Kapitel, um eine isolierte Darstellung des Themas, um später näher auf die Zusammenhänge einzugehen.

3.1 Die Problematik

Die USA ist weltweit bekannt für ihre historisch bedingten Waffengesetzte - so auch für eskalierenden Gewaltakte, die nicht selten in einem Schusswechsel enden. Amerika hatte allein im Jahr 2016 mehr als 450 Tote durch bewaffnete Polizeigewalt vorzuweisen. Vergleicht man nun den Anteil von Afroamerikanern in den USA, welcher bei 13 Prozent liegt, und den Anteil der durch Polizeibrutalität getöteten Personen dieser ethnischen Gruppierung, welcher circa ein Drittel darstellt, so lässt sich eine deutliche Disproportion in der angewandten, tödlich endenen Polizeigewalt feststellen. Da-

---

[9] Rose, Tricia, *The Hip Hop Wars: What We Talk About When We Talk About Hip Hop--and Why It Matters*, o.O, 2008, 3.

ten zeigen auch, dass Afroamerikaner, im Vergleich zu anderen ethnischen Gruppen, mit einer höheren Wahrscheinlichkeit, aufgrund von Drogendelikten, verhaftet werden. Dies hat den heute präsenten überproportionalen Anteil der schwarzen Gefängnisbevölkerung als Folge hat.[10]

Die Ergebnisse des Forschungsprojekts „The Sentencing Project" legen offen, dass 61 bis 80 Prozent des überproportionalen Anteils der schwarzen Gefängnisinsassen durch die höhere Kriminalitätsrate in afroamerikanischen Gemeinschaften zu erklären ist. Daraus folgend lässt sich schließen, dass bis zu 39 Prozent der schwarzen Überrepräsentation in Gefängnissen auf andere Faktoren zurückzuführend sind. Diese statistisch belegten Unterschiede im polizeilichen Verhalten gegenüber Bürgern der USA haben Kritik in der allgemeinen Strafverfolgung angeheizt und gipfelten in der #BlackLivesMatter-Bewegung.[11]

3.2 #BlackLivesMatter: Zeitlicher Verlauf

26 Februar, 2012, George Zimmermann, ein Mitglied der Nachbarschaftswache in Sanford, Florida, erschoss den 17 jährigen Trayvon Martin. Martin war gerade auf dem Weg von einen kleinen Einkauf nach Hause und war mit einem Eistee und einer Packung Skittles unterwegs. Laut eigener Aussage von Zimmermann war die Nutzung einer Schusswaffe reine Notwehr, ausgelöst durch physische Gewalt von Seiten Martins.[12]

George Zimmermann wird freigesprochen. Entsetzen über die Freisprechung löst erste Proteste aus, welche zu dem Zeitpunkt noch nicht unter der Fahne der Black Lives Matter Bewegung stattfanden. Trotzdem wurde nach diesem Ereignis der Slogan „#BlackLivesMatter", durch die Nutzung der

---

[10] Vgl. German Lopez, *Police shootings and brutality in the US: 9 things you should know*, https://www.vox.com/cards/police-brutality-shootings-us/us-police-racism, (19.08.2018).

[11] Vgl. Ebd.

[12] Vgl. Matt Williams, *George Zimmerman told police Trayvon Martin beat his head into pavement*, https://www.theguardian.com/world/2012/mar/26/george-zimmerman-trayvon-martin-police-report, (19.08.2018).

Hashtag-Funktion bei einem Facebook-Post[13], geboren und gewann jedoch zu diesem Zeitpunkt nur wenig an Aufmerksamkeit.[14]

Der zweite einschlagende Vorfall fand in New York statt. Hierbei handelt es sich um ein ähnliches Muster wie bei dem Vorfall in Sanford: ein Organ des Staats, in diesem Fall sogar die Polizei selbst, wendet tödliche Gewalt an einem schwarzen Zivilisten an und das Gericht spricht den Verantwortlichen frei[15], jedoch schlug dieser Vorfall um einiges größere mediale Präsenz, da es diesmal eine Mehrzahl an direkten Videoaufnahmen gab, die im Internet viral gingen.[16] Das Opfer, Eric Garner, wurde aufgrund des Verdachts auf Verkauf von unversteuerten Zigaretten von Polizisten angesprochen. Garner zeigte sich vorerst nicht kooperativ, was die Polizisten als direkte Wieder-setzung der Festnahme interpretierten und den 43 jährigen Familienvater auf den Boden rangen. Einer der Polizisten, Daniel Pantaleo, benutze eine Wür-getechnik, welche von der New Yorker Polizeibehörde verboten wurde, und sorgte so für die spätere Todeserklärung des asthmakranken Garner.[17]

Der Aufschrei des auf dem Boden liegenden Garners: „I can´t breathe"[18], wird im weiteren Verlauf der Bewegung als Statement auf Plakate gedruckt, von Protestierenden gerufen und schmückt sogar die die T-Shirts von NBA Profibasketballern beim Aufwärmen vor mehreren Spielen.[19]

Der eigentliche Entstehungsort der vorerst relativ unorganisierten Protest-bewegung war Ferguson in Missouri. Der dritte Vorfall von tödlicher Poli-zeigewalt tötete am 09.08.2014 den unbewaffneten 18 jährigen Michael

---

[13] Vgl. Monica Anderson, Paul Hitlin, *The hashtag #BlackLivesMatter emerges: Social activism on Twitter*, http://www.pewinternet.org/2016/08/15/the-hashtag-blacklivesmatter-emerges-social-activism-on-twitter/, (20.08.18).

[14] Vgl. Grant, Laurens, *Stay Woke: The Black Lives Matter Movement, o.O., 2016*

[15] Vgl. Ben Knight, *Grand jury rules no indictment for policeman over New York chokehold death; Justice Department announces civil rights investigation*, http://www.abc.net.au/news/2014-12-04/ny-grand-jury-does-not-indict-police-officer-in-chokehold-death/5939540, (20.08.2018).

[16] Vgl. Grant, Laurens, *Stay Woke: The Black Lives Matter Movement, o.O., 2016*

[17] Vgl. Ben Knight, *Grand jury rules no indictment for policeman over New York chokehold death; Justice Department announces civil rights investigation*, http://www.abc.net.au/news/2014-12-04/ny-grand-jury-does-not-indict-police-officer-in-chokehold-death/5939540, (20.08.2018).

[18] Grant, Laurens, *Stay Woke: The Black Lives Matter Movement, o.O., 2016*

[19] Vgl. Ebd.

Brown, der zwar in keiner Weise vorbestraft war, jedoch von der Polizei beschuldigt wurde kurz vor seiner Tötung einen Lebensmittelladen bestohlen zu haben. Der verantwortliche Polizist, Darren Wilson, wurde freigesprochen. Dies sorgte für eine nationale Sprachlosigkeit - ein wiederholter Fall von tolerierter Polizeigewalt - und so organisierte sich wieder ein Protestmarsch. Diesmal reagierte die Polizei mit militärischer Ausrüstung auf den Protest und sorgte damit für eine Eskalation des vorerst friedlichen Protestmarsches.[20] Manche Protestierende wurden gewalttätig und setzten, als Antwort auf das militärische Polizeiaufgebot und die aggressive Herangehensweise, mehrere Autos und Gebäude in Brand. Über Twitter fingen die Leute an sich neu zu organisieren, verlegten Märsche an andere Orte der Stadt, dokumentierten die Eskalation des Protest durch Videoaufnahmen für den Rest der Welt und gaben schnelle Hilfe im Bezug auf ein Mittel gegen brennende Augen, verursacht durch die wiederholte Nutzung von Tränengas seitens der Polizei.[21] Zeitgleich ging der Hashtag #BlackLivesMatter viral, wurde zum neuen inoffiziellen Hashtag des digitalen Austausches über Rassenproblematik und gab der neuen, durch das Internet geprägten Protestbewegung einen Namen.[22]

4. Hip-Hop x #BlackLivesMatter

Das vierte und letzte Kapitel dieser Facharbeit befasst sich nun mit der Wechselwirkung zwischen der Kultur des Hip-Hop und der noch recht jungen Protestbewegung #BlackLivesMatter. Dabei wird auf die entgleisende Kraft der Protestbewegung auf den kommerziell festgefahrenen Hip-Hop und der daraus resultierenden Themen des wieder politischen Hip-Hop als Hymnen des Protests eingegangen. Um diese Wechselwirkung an einem

---

[20] Vgl. German Lopez, *The 2014 Ferguson protests over the Michael Brown shooting, explained*, https://www.vox.com/cards/mike-brown-protests-ferguson-missouri/ferguson-mo-protests-police, (20.08.2018).

[21] Vgl. Grant, Laurens, *Stay Woke: The Black Lives Matter Movement*, o.O., 2016

[22] Vgl. Monica Anderson, Paul Hitlin, *The hashtag #BlackLivesMatter emerges: Social activism on Twitter*, http://www.pewinternet.org/2016/08/15/the-hashtag-blacklivesmatter-emerges-social-activism-on-twitter/, (20.08.18).

Beispiel zu verdeutlichen wird der US-Rapper Kendrick Lamar und seine Musik näher betrachtet.

4.1 Renaissance: Hip-Hop

Der Hip-Hop vor der Black Lives Matter Bewegung schien sich einen festen Rahmen zu erschließen. Hip-Hop drehte sich durch den kommerziellen Erfolg Ende der 90er Jahre[23] nun in einer Spirale der substanzlosen, apolitischen Partymusik und machte den Eindruck dort auch zu verweilen.

#BlackLivesMatter weckte die Szene auf und verdeutlichte eine Problematik, welche die Künstler des Hip-Hop nicht mehr ignorieren konnten. Der US-Rapper J. Cole machte den Anfang und unterstützte den Protest in Ferguson[24] mit seiner direkten Teilnahme.[25] Immer mehr Künstler der Szene schlossen sich Protesten an, nutzten soziale Medien um ihre Unterstützung für die Bewegung zu erklären, oder nutzten öffentliche Auftritte um Aufmerksamkeit für die Thematik des Protests zu schaffen.[26] Klar lässt sich argumentieren, dass es auch in der Zeit der Kommerzialisierung des Hip-Hop schon immer Künstler gab, die sich mit politischen und sozialen Problemen auseinandergesetzt haben, jedoch schien #BlackLivesMatter einen weit größeren Teil der Szene an die ursprüngliche Funktion der Hip-Hop Musik[27] zu erinnern und veränderte nicht nur die lyrische Gestaltung neuer Musik, sondern steigerte auch die Nachfrage auf Seiten der Konsumenten nach Musik mit mehr politischer Substanz als die schon bekannten Tracks des Hip-Hop Mainstreams. So wandelte sich die musikalische Landschaft des Hip-Hop; immer mehr große und bekannte Künstler fingen an ihre Texte tiefgründiger und politischer zu schreiben. Hip-Hop fing an sich durch eine Zeit der Re-

---

[23] Siehe Kapitel 2.2.

[24] Siehe Kapitel 3.2.

[25] Vgl. Brandon Jenkins, *Interview: J. Cole Talks About His Visit to Ferguson and Shares His Thoughts on the Michael Brown Shooting,* https://www.complex.com/music/2014/08/interview-j-cole-michael-brown-ferguson, (20.08.18).

[26] Alexander Billet, *The New Anthems of Resistance: Hip-Hop and Black Lives Matter,* http://inthesetimes.com/article/18333/hip-hop-black-lives-matter-kendrick-lamar-janelle-monae, *(20.08.18).*

[27] Siehe Kapitel 2.2.

naissance zu bewegen und ein Künstler stand im Mittelpunkt dieser möglichen Wiedergeburt des Hip-Hop: Kendrick Lamar.

4.1.1 Kendrick Lamar

Kendrick Lamar, geboren am 17. Juni 1987 in Compton, Kalifornien, wuchs auf kriminellen Straßen Comptons auf und verfasste als Kind Geschichten über diese, bevor er seine Erfahrungen in lyrische Kompositionen verwandelte. Er trat früher unter dem Namen K-Dot auf und veröffentlichte eine Vielzahl von Werken, welche ihm dann den Kontakt zum Weltberühmten Produzenten Dr. Dre verschafften.[28]

Lamars erstes Studioalbum war „good kid, m.A.A.d City", welches für einen noch recht neuen Künstler vergleichsweise sehr gute Kritik und Aufmerksamkeit empfing. Darauf folgten „To Pimp a Butterfly" (2015) und „DAMN" (2017), welche ihm, neben anderen Auszeichnungen, zwei Grammys für das jeweils beste Rap Album brachten. Des Weiteren ist Kendrick der erste Künstler seines Genres, der einen Pulitzer Preis gewonnen hat und somit Klassik und Jazz als zuvor einzige Genres mit Pulitzer Auszeichnungen ablöst.[29]

4.1.2 To Pimp a Butterfly: Startschuss der Repolitisierung des Hip-Hop

Kendrick Lamars zweites Studioalbum erschien eine Woche früher als geplant und wurde kritiklos als „perfektes"[30] „Meisterwerk"[31] von der Masse der Musikkritiker empfangen. Lamar schaffte es ein Album zu kreieren, welches von Anfang bis Ende kontinuierlich mit ambitionierten und philosophischen Texten gefüllt ist, jedoch trotzdem seinen Weg in den Main-

---

[28] Vgl. o.A., *Kendrick Lamar Biography,* https://www.biography.com/people/kendrick-lamar-21349281, (25.08.2018).

[29] Vgl. Ebd.

[30] Micah Singleton, *To Pimp a Butterfly: Kendrick Lamar's new album is perfect*, https://www.theverge.com/2015/3/19/8257319/kendrick-lamar-album-review-to-pimp-a-butterfly, (25.08.2018).

[31] Greg Tate, *To Pimp a Butterfly: The Compton MC's second major-label album is a masterpiece of fiery outrage, deep jazz and ruthless self-critique,* https://www.rollingstone.com/music/music-album-reviews/to-pimp-a-butterfly-119818/, (25.08.2018).

stream gefunden hat. Dass Lamar das Album vorerst „To Pimp a Caterpillar" nennen wollte und mit den Anfangsbuchstaben der Wörter eine klare Verbindung zu Tupac Shakur schaffen wollte[32], könnte nicht offensichtlicher sein. Tupac war inmitten des kommerziellen Aufsprungs des Hip-Hop[33] die Stimme, die es trotz politischer Themen in den Mainstream geschafft hatte - hier wird eine klare Kongruenz beider Künstler deutlich.

Kendricks Album befasst sich mit sozialpolitischen Themen wie der anhaltenden Diskriminierung von Afroamerikanern und dem fehlerhaften Umgang des Staatsorgans mit der afroamerikanischen Unterschicht.[34] Ebenfalls werden Lamars sozialer Aufstieg und der Versuch der Industrie, Kendrick zu „pimpen" um ihn konsumorientiert an die Zuhörer des Mainstreams anzupassen, dargestellt. Neben den angesprochenen Themen zieht sich zusätzlich ein weiteres, durch das gesamte Album verlaufendes Thema: Die persönliche Wandlung Kendricks. Er verwendet die Metamorphose eines Schmetterlings als Metapher für seine innerlichen Veränderungen an. Alle diese Themen bearbeitet er durchgängig im Slang seiner Heimat, gespickt von vulgären Redewendungen und obszönen Darstellungen.

4.1.3 To Pimp a Butterfly: „Alright"

Vergleicht man alle 16 Werke seines Albums, so hat der Titel „Alright" und das zugehörige Musikvideo wohl die größte thematische Verbindung zur Black Lives Matter Protestbewegung.

„Alright" ist ein Werk der Hoffnung, welches sich zwar hauptsächlich mit Problem der Polizeibrutalität befasst, jedoch trotzdem mit dem wiederholten Ausruf: „we gon' be alright"[35] immer wieder eine Aussicht auf eine positive Zukunft gibt.

---

[32] Vgl. Collin Stutz, *Kendrick Lamar's Latest Album Wasn't Always Called 'To Pimp a Butterfly'*, https://www.billboard.com/articles/columns/the-juice/6517089/kendrick-lamar-to-pimp-a-butterfly-caterpillar-album-title, *(25.08.18)*.

[33] Siehe Kapitel 2.2.

[34] Vgl. Kissner, Maurice, *Ethnologische und soziologische Analyse von Kendirck Lamar's „To Pimp a Butterfly"*, Essay, o.O., o.J., 3.

[35] Siehe Anhang (1).

Das Musikvideo beginnt mit einer schnellen Abfolge visueller Gegenüberstellungen, Panoramaaufnahmen von Oakland, klaustrophobischen Tunneln und blinkenden Lichtern.[36]

Das Video ist monochrom und erzeugt mit den gegebenen Graustufen eine trübe, melancholische Atmosphäre. Die Silhouette eines Jungen erscheint in der Luft, er scheint einen Skateboard-Trick auszuführen[37], doch schon im nächsten Moment verschwindet er.[38] Die Kamera zeigt einen reglos liegenden Jungen auf zementierter Straße - könnte das der verschwundene Junge auf dem Skateboard sein?[39]

Kendrick beginnt mit einem Monolog: Monotones Sprechen über seine neue Rolle als jemand mit großer Verantwortung. Zur Melancholie fügt sich nun eine gewisse Anspannung und Bedrücktheit. Die letzte Szene vor dem musikalischen Intro zeigt einen jungen schwarzen Mann wie er, mit dem Gesicht auf dem Boden, von einem Polizisten festgenommen wird. Er entflieht der Festnahme und versucht der Szenerie zu entfliehen. Der Polizist nun im Fokus - zieht seine Pistole, nimmt sich kurz Zeit zum zielen und schießt.[40]

Nach dem dumpfen Ton des Schusses, dargestellt in Zeitlupe, wechselt das Bild auf eine Laterne mit Aussicht auf die Großstadt[41], die szenische Einstellung, in der das Musikvideo später auch enden wird.

Es folgt ein Prelude, in welcher Kendrick und weitere Personen in einem Auto gezeigt werden. Die Kamera zoomt heraus - vier Polizisten tragen das Auto auf ihren Schultern.[42] Kendrick und seine Zeitgenossen werden als Könige dargestellt, die in einem Wagen durch die Stadt Compton getragen werden. Dieses Bild steht im direkten Kontrast zu den vorherigen Szenen

---

[36] Vgl. Kendrick Lamar, *Alright*, YouTube, 30.06.2015, https://www.youtube.com/watch?v=Z-48u_uWMHY, (02.09.18).

[37] Siehe Anhang (2).

[38] Siehe Anhang (3).

[39] Siehe Anhang (4).

[40] Siehe Anhang (5).

[41] Siehe Anhang (6).

[42] Siehe Anhang (7).

und unterstreicht Kendricks Kommentar zu den vielen Opfern ungerechter Polizeigewalt.

Das eigentliche Lied "Alright"[43] beginnt drei Minuten nach Beginn des Videos. Wiederholte Szenen zeigen wie Kendrick losgelöst vom Boden durch die Straßen von L.A fliegt.[44] Die farblosen Bilder des Musikvideos zeigen während des Liedes tanzende, glückliche Menschen, welche den fliegenden Kendrick Lamar erstaunt beobachten.[45] Auch hier wurde gezielt mit einem Kontrast gearbeitet um ein graues Jetzt darzustellen, welches mit der richtigen Einstellung jedoch einen Hoffnungsstrahl für eine bessere Zukunft in sich bergen könne. Neben dem wiederholten Chorus, in welchem Lamar immer wieder mit dem Ausruf: „we gon' be alright"[46] zur Zuversicht plädiert, verweist er auch direkt auf die präsenten Gewaltakte der Polizei: „we hate po-po[,] Wanna kill us dead in the street fo sho".[47] Der Text des Werkes lässt auch auf die religiöse Überzeugung Kendricks deuten, denn

die letzten zwei Verse des Intros: „But if God got us[,] Then we gon' be alright"[48] offenbaren Kendricks Antrieb für sein Vertrauen in die Zukunft: Gott. Am Ende des Musikvideos steht Lamar auf der Laterne, welche zu Anfang des Lieds gezeigt wurde.[49] Ein Polizist betritt die Szene und schießt Kendrick in die Brust.[50] Dieser fällt nun zu Boden und beendet seinen Monolog:

„I remembered you was conflicted
Misusing your influence, sometimes I did the same
Abusing my power full of resentment
Resentment that turned into a deep depression
Found myself screaming in the hotel room
I didn't wanna self-destruct
The evils of Lucy was all around me
So I went running for answers.".[51]

---

[43] Siehe Anhang (1).

[44] Siehe Anhang (8).

[45] Siehe Anhang (9).

[46] Siehe Anhang (1).

[47] Ebd.

[48] Ebd.

[49] Siehe Anhang (10).

[50] Siehe Anhang (11).

[51] Siehe Anhang (1).

Wieder geht es um Lamars inneren Streit über die Nutzung seines Einflusses als Künstler in der Hip-Hop Szene und die daraus resultierenden zerreißenden Gefühle, welche als das Böse von Lucy beschrieben werden, was wiederum eine klare Anspielung auf Lucifer, den Teufel, ist.

Kendrick kommt auf dem Boden auf - ein Schwarzbild, gefolgt von einer Nachaufnahme seines Gesichts: Er lächelt[52], er scheint „alright".

4.2 Hip-Hop: Die Stimme der Bewegung

Neben direkten Konversationen von Künstlern[53] mit protestierenden und politisch aufgeladenen Auftritten wie z.B der Auftritt Kendrick Lamars bei der Grammy Verleihung 2016[54], ist die Wirkung des Hip-Hop auf die Black Lives Matter Bewegung am stärksten direkt in den Reihen der Protestierenden zu ermitteln. Proteste vor der Polizeizentrale von Los Angeles[55], an der Cleveland State University[56], in Melbourne (Australien)[57] und ein anderer in Birmingham (England)[58] - sie alle haben eine Sache gemeinsam: Die Nutzung von Kendrick Lamars „Alright" als Protestgesang.

Betrachtet man verschiedene Protestbewegung in verschiedenen historischen Kontexten, so findet sich auch meist mindestens ein musikalisches Werk, welches mit der Bewegung in Verbindung steht. Prägnante Beispiele hierfür sind „Give Peace a Chance" von John Lennon als eine Art Friedens-

---

[52] Siehe Anhang (12).

[53] Siehe Kapitel 4.1.

[54] Vgl. Alex Abad-Santos, *Grammys 2016: Kendrick Lamar's incendiary performance stole the night*, https://www.vox.com/2016/2/15/11011186/grammys-2016-kendrick-lamar-alright-blacker-berry, (02.09.18).

[55] o.A., *BlackLivesMatter - We Gonna Be Alright DTLA Protest 7-7-2016*, YouTube, 08.07.2016, https://www.youtube.com/watch?v=c2hKKT7JWcA, (01.09.18).

[56] o.A., *Activists chant Kendrick Lamar's Alright during police harassment protest*, https://www.theguardian.com/music/2015/jul/29/activists-chant-kendrick-lamar-track-alright-police-harassment-protests, (01.09.2018).

[57] o.A., *We Gon Be Alright #BlackLivesMatter Rally Anthem Melbourne, Australia*, YouTube, 16.03.2017, https://www.youtube.com/watch?v=Anv_9bae_vM, (01.09.18).

[58] o.A., *Birmingham, UK. 1000 people sing Kendrick Lamar's "Alright." Blacklivesmatter 2016*, YouTube, 16.03.2017, https://www.youtube.com/watch?v=kJ66Hog_pJU, (01.09.18).

hymne oder Joan Baez „We Shall Overcome" zur Zeit der US-Bürgerrechts-bewegung in den 60er Jahren.[59]

Dass Kendrick Lamar nun aber mit einem Werk aus dem Genre des Hip-Hop zur inoffiziellen Hymne von #BlackLivesMatter wurde, ist jedoch et-was Besonderes. Hip-Hop scheint akzeptiert und als eine Musikrichtung mit besonderer Kraft gesehen zu werden. Indikatoren, wie die Auszeichung La-mars mit dem Pulitzer Preis[60] oder das Statement Obamas, dem ehemaligen Präsidenten der vereinigten Staaten über „How Much a Dollar Cost" aus Kendricks Album „To Pimp a Butterfly" als sein persönliches Lieblingswerk aus dem Jahr 2015[61], verdeutlichen diesen Image-Wandel.

Hip-Hop ist also nicht nur die neue vereinigende Stimme der Bewegung für Gleichbehandlung aller ethnischen Gruppen, sondern wird nun auch als po-sitive Strömung der allgemeinen Musikgeschichte betrachtet.

5. Fazit und Hypothese

Vergleicht man die Auswirkungen von #BlackLivesMatter auf Hip-Hop und umgekehrt Hip-Hop auf #BlackLivesMatter, so lässt sich sagen, dass das Genre des Hip-Hop zweifellos die stärkere wirkungsbedingte Veränderung durchlebte. Klar feuerten Werke des Hip-Hop die Protestbewegung an, je-doch hat der Einschnitt des Protests in die Hip-Hop Szene das Potenzial, die Ausdehnung von politischer, kantigerer Musik im Hip-Hop Mainstream zu fördern. Beim Versuch eine Hypothese über den weiteren Verlauf der Szene aufzustellen sollte man vorerst Hip-Hop Künstlern, welche sich in der Szene schon einen Namen gemacht haben, betrachten und diese auf den politi-schen Grad ihrer Musik überprüfen. Eminem, einer der wohl bekanntesten Rapper des Jahrzehnts, antwortet auf die

---

[59] Vgl. o.A., *Give Peace a Chance,* https://www.focus.de/kultur/kino_tv/medien-give-peace-a-chance_id_4824908.html, (02.09.18).

[60] Vgl. Kapitel 4.1.1.

[61] Vgl. Christian Holub, *Obama names Kendrick Lamar's 'How Much A Dollar Cost' his favorite song of the year,* https://ew.com/article/2015/12/09/kendrick-lamar-obama-how-much-dollar-cost/, (02.09.18).

Trump-Präsidentschaftswahl mit einem Freestyle in welchem er Themen wie Waffenkontrolle, Korruption und Einwanderung anspricht.[62]

Das 2017 erschienene Album „Everybody" von Logic befasst sich in seiner 70 minütigen Länge mit Themen wie psychischer Gesundheit, häuslicher Gewalt, Rassismus und Frieden.[63] Trotz tiefgründigen Inhalt schaffte es auch Logic mit diesem Album zeitweise an die Spitze der Charts zu gelangen.[64] Dies waren nur zwei Beispiele für den Wandel innerhalb der Musik und in der Nachfrage der Zuhörerschaft.

Basierend auf diesen immer noch anhalten Wandlungen im Hip-Hop lässt sich auf eine, mindestens temporäre, erneute Präsenz von Politik und sozialen Themen in der Szene des Hip-Hop entgegenblicken. Hip-Hop Fans scheint eine neue, blühende Zeit mit einem wieder steigenden Anteil an politischen und gehaltvollen Texten zu erwarten - *„We Gon' Be Alright"*.

---

[62] Vgl. o.A., *"Ein Kamikaze, der wahrscheinlich einen Atomkrieg startet"*, http://www.spiegel.de/kultur/gesellschaft/rapper-eminem-ueber-donald-trump-ein-kamikaze-a-1172391.html, (02.09.18).

[63] Vgl. Al Shipley, *Logic Talks Race and His Dense, Intense, 70-Minute Rap Opus 'Everybody'*, https://www.rollingstone.com/music/music-features/logic-talks-race-and-his-dense-intense-70-minute-rap-opus-everybody-193480/, (02.09.18).

[64] Vgl. Keith Caulfield, *Logic Scores His First No. 1 Album on Billboard 200 Chart With 'Everybody'*, https://www.billboard.com/articles/columns/chart-beat/7793125/logic-everybody-album-billboard-200-no-1, (02.09.18).

6. Literaturverzeichnis

Elektronische Quellen:

Kendrick Lamar, *Alright*, YouTube, 30.06.2015, https://www.youtube.com/watch?v=Z-48u_uWMHY, (02.09.18).

Grant, Laurens, *Stay Woke: The Black Lives Matter Movement*, o.O., 2016

o.O., Birmingham, UK. *1000 people sing Kendrick Lamar's "Alright."* Blacklivesmatter 2016, YouTube, 16.03.2017, https://www.youtube.com/watch?v=kJ66Hog_pJU, (01.09.18).

o.O., *BlackLivesMatter - We Gonna Be Alright DTLA Protest 7-7-2016*, YouTube, 08.07.2016, https://www.youtube.com/watch?v=c2hKKT7JWcA, (01.09.18).

o.O., *We Gon Be Alright #BlackLivesMatter Rally Anthem Melbourne, Australia*, YouTube, 16.03.2017, https://www.youtube.com/watch?v=Anv_9bae_vM, (01.09.18).

Elektronische Zeitungsberichte:

o.A., *Activists chant Kendrick Lamar's Alright during police harassment protest*, https://www.theguardian.com/music/2015/jul/29/activists-chant-kendrick-lamar-track-alright-police-harassment-protests, (01.09.2018).

o.A., *"Ein Kamikaze, der wahrscheinlich einen Atomkrieg startet"*, http://www.spiegel.de/kultur/gesellschaft/rapper-eminem-ueber-donald-trump-ein-kamikaze-a-1172391.html, (02.09.18).

Ben Knight, *Grand jury rules no indictment for policeman over New York chokehold death; Justice Department announces civil rights investigation*, http://www.abc.net.au/news/2014-12-04/ny-grand-jury-does-not-indict-police-officer-in-chokehold-death/5939540, (20.08.2018).

Alex Abad-Santos, *Grammys 2016: Kendrick Lamar's incendiary performance stole the night*, https://www.vox.com/2016/2/15/11011186/grammys-2016-kendrick-lamar-alright-blacker-berry, (02.09.18).

Matt Williams, *George Zimmerman told police Trayvon Martin beat his head into pavement*, https://www.theguardian.com/world/2012/mar/26/george-zimmerman-trayvon-martin-police-report, (19.08.2018).

Brandon Jenkins, *Interview: J. Cole Talks About His Visit to Ferguson and Shares His Thoughts on the Michael Brown Shooting*, https://www.complex.com/music/2014/08/interview-j-cole-michael-brown-ferguson, (20.08.18).

o.A., *Kendrick Lamar Biography*, https://www.biography.com/people/kendrick-lamar-21349281, (25.08.2018).

Collin Stutz, *Kendrick Lamar's Latest Album Wasn't Always Called 'To Pimp a Butterfly'*, https://www.billboard.com/articles/columns/the-juice/6517089/kendrick-lamar-to-pimp-a-butterfly-caterpillar-album-title, (25.08.2018).

Al Shipley, *Logic Talks Race and His Dense, Intense, 70-Minute Rap Opus 'Everybody'*, https://www.rollingstone.com/music/music-features/logic-talks-race-and-his-dense-intense-70-minute-rap-opus-everybody-193480/, (02.09.18).

Keith Caulfield, *Logic Scores His First No. 1 Album on Billboard 200 Chart With 'Everybody'*, https://www.billboard.com/articles/columns/chart-beat/7793125/logic-everybody-album-billboard-200-no-1, (02.09.18).

Christian Holub, *Obama names Kendrick Lamar's 'How Much A Dollar Cost' his favorite song of the year*, https://ew.com/article/2015/12/09/kendrick-lamar-obama-how-much-dollar-cost/, (02.09.18).

Monica Anderson, *Paul Hitlin, The hashtag #BlackLivesMatter emerges: Social activism on Twitter*, http://www.pewinternet.org/2016/08/15/the-hashtag-blacklivesmatter-emerges-social-activism-on-twitter/, (20.08.18).

German Lopez, *Police shootings and brutality in the US: 9 things you should know*, https://www.vox.com/cards/police-brutality-shootings-us/us-police-racism, (19.08.2018).

German Lopez, *The 2014 Ferguson protests over the Michael Brown shooting, explained*, https://www.vox.com/cards/mike-brown-protests-ferguson-missouri/ferguson-mo-protests-police, (20.08.2018).

Alexander Billet, *The New Anthems of Resistance: Hip-Hop and Black Lives Matter*, http://inthesetimes.com/article/18333/hip-hop-black-lives-matter-kendrick-lamar-janelle-monae, (20.08.18).

Micah Singleton, *To Pimp a Butterfly: Kendrick Lamar's new album is perfect*, https://www.theverge.com/2015/3/19/8257319/kendrick-lamar-album-review-to-pimp-a-butterfly, (25.08.2018).

Greg Tate, *To Pimp a Butterfly: The Compton MC's second major-label album is a masterpiece of fiery outrage, deep jazz and ruthless self-critique*, https://www.rollingstone.com/music/music-album-reviews/to-pimp-a-butterfly-119818/, (25.08.2018).

Schriftliche Quellen:

Kissner, Maurice, *Ethnologische und soziologische Analyse von Kendirck Lamar´s „To Pimp a Butterfly"*, Essay, o.O., o.J..

Weber, Thomas, *Grundideen des HipHop: Ursprung und Wandel*, Magisterarbeit, Heinrich-Heine-Universität Düsseldorf, 2012

Prof. Curdt, Oliver, *Hip-Hop und Rap - die Kunst des Rappens*, Vorlesung an der Hochschule der Medien Stuttgart, o.J..

Owusu-Boateng, Collins, *Musikalische Markenzeichen der HipHop-Musik*, Bachelorarbeit, Hochschule der Medien Stuttgart, 2009.

Rose, Tricia, *The Hip Hop Wars: What We Talk About When We Talk About Hip Hop--and Why It Matters*, o.O, 2008.

7. Anhang

[Liedtext wurde aus urheberrechtlichen Gründen von der Redaktion entfernt.]

(1) **Quelle:** *Alright (Mu-sic Video)*, https://geni-us.com/Kend-rick-lamar-alright-music-video-lyrics (25.08.2018)

17

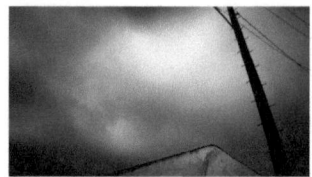